La TRACTION CITROËN de mon père

EDITIONS ATLAS

1186, rue de Cocherel, 27000 Évreux

Cet ouvrage est une édition partielle et remaniée de *La Traction Citroën de mon père,*
d'Yves Buffetaut et Antoine Demetz, éditions E-T-A-I

Concept et création de la présente édition : © ETCRÉO
Réalisation : Copyright
Directeur de collection : Francis Dreer

Adaptation et textes additionnels : Jean-Louis Basset
Création graphique : Marina Delranc
Secrétariat d'édition : Zarko Telebak
Photogravure : Peggy Huynh-Quan-Suu

Achevé d'imprimer : novembre 2010
Imprimé en Chine
Dépôt légal : décembre 2010
ISBN : 978-2-7312-4705-3

Sommaire

LA TRACTION AVANT (1934-1939)

L'ÂGE ADULTE (1940-1957)

1934-1939

La Traction AVANT

Citroën
AVANT LA TRACTION

Lorsque André Citroën fonde sa propre société de construction d'automobiles en 1919, il n'est pas novice dans le domaine industriel. En effet, il exploite depuis 1902 les brevets des engrenages à chevrons dans le cadre de la Société des engrenages Citroën. Quand la Première Guerre mondiale éclate, Citroën se retrouve mobilisé, et, en 1915, il propose au ministère de la Guerre de produire dix mille obus par jour. Sa proposition est acceptée, et l'usine de Javel est construite. En 1917, la production atteint cinquante mille obus par jour. Une fois la paix revenue, « Javel » est convertie pour produire des voitures.

1919

CI-CONTRE
Au mois de juillet 1917, André Citroën demande à l'ingénieur Jules Salomon, le père de la voiture Le Zèbre, d'étudier une automobile populaire que son usine d'obus, une fois convertie, pourra produire en grande série après la guerre. Ainsi, au mois d'octobre 1919, André Citroën est présent pour la première fois sous son nom au Salon de l'automobile avec sa 10 HP type A. Sur son stand, il propose une véritable gamme de voitures entièrement carrossées, et dont les cinq roues sont garnies de pneumatiques. On trouve ainsi, de gauche à droite, un coupé de ville, une conduite intérieure quatre places, une conduite intérieure trois places sur châssis court, une torpédo trois places sur châssis court, une torpédo quatre places et un châssis nu.

Farouche partisan de la voiture populaire construite en série, André Citroën prend pour modèle Henry Ford, dont il applique les méthodes de travail inspirées du taylorisme. La première Citroën 10 HP est livrée à son acheteur le 7 juillet 1919.

Entre 1919 et 1935, André Citroën devient ainsi l'homme de la voiture populaire 5 CV, lancée en octobre 1921, l'homme des croisières en autochenilles, qui traversent les continents et leurs déserts, l'homme qui écrit son nom dans le ciel, l'homme qui traverse l'océan Atlantique pour rendre visite à son modèle Henry Ford et rapporter dans ses valises des brevets américains, l'homme des multiples filiales et usines de montage à l'étranger, l'homme des taxis Citroën, l'homme des jouets Citroën, l'homme de l'illumination des grands édifices parisiens, l'homme de la carrosserie Tout Acier, l'homme

« André Citroën était une sorte de poète de la grande industrie, un créateur… »

qui transforme la tour Eiffel en une énorme enseigne lumineuse, l'homme des camions Citroën, l'homme du *Floating Power* (« moteur flottant »), l'homme du gigantesque « Palais des Expositions Citroën » de la place de l'Europe, l'homme dont les voitures battent des records sur l'autoroute de Linas-Monthléry, l'homme qui propose près de soixante-dix versions différentes de sa Rosalie, l'homme qui, en sept mois, reconstruit son usine du quai de Javel pour en faire la plus moderne d'Europe et, enfin, l'homme qui fait le pari de sauver son entreprise en lançant une voiture de conception révolutionnaire. Mais, après tout cela, André Citroën est aussi un homme usé, fatigué et malade, qui est obligé d'abandonner son œuvre pour qu'elle lui survive. Il s'éteint le 3 juillet 1935, victime d'un cancer de l'estomac.

DES IDÉES COMMERCIALES DE GRANDE ENVERGURE

Du point de vue commercial, Citroën a compris qu'acheter une voiture n'est que la première étape pour le client. Cette étape décisive n'est cependant pas la plus importante. Il y a ce qu'il appelait lui-même « l'après-vente ». Et il avait conçu toute une organisation où le client trouvait tout ce qui était nécessaire à l'entretien de sa voiture.

André Citroën était aussi un précurseur dans le domaine de la publicité, avec le premier avion inscrivant son nom dans le ciel, les panneaux indicateurs au coin des routes et beaucoup d'autres choses encore. André Citroën était une sorte de poète de la grande industrie, un créateur… notamment de la Traction Avant.

Ci-contre
Ce portrait inédit, qui est le seul connu pour présenter André Citroën souriant, a été vraisemblablement réalisé vers la fin des années 1920.

Ci-dessous
Au cours d'un voyage aux États-Unis, André Citroën rencontre Henry Ford. Celui qui se plaît à se faire appeler le « Ford français » ne peut cacher sa satisfaction de serrer la main de son « modèle ».

Ci-contre
Sous le titre *Un réseau d'amis*, ce volume pratique remis à tout acheteur d'une voiture Citroën rassemble les noms et les adresses de tous les concessionnaires, agents et stockistes Citroën du monde entier. Écrit par le célèbre journaliste automobile Baudry de Saunier, le texte faisant office d'introduction affirme : « Confiant dans votre machine et sûr de trouver partout le bon accueil et les conseils dont vous pourrez avoir besoin, vous effectuerez tous vos déplacements avec plaisir et en toute sécurité. »

Une révolution AUTOMOBILE

La Traction Avant Citroën est la voiture de tous les paradoxes : véritablement révolutionnaire, elle n'est conçue qu'en dix-huit mois. Incroyablement en avance sur son temps, elle arrive cependant trop tard... pour empêcher un rachat par Michelin. Sortie à la va-vite dans l'espoir de sauver la société Citroën, elle connaît des débuts très difficiles, mais sa carrière s'étendra de 1934 à 1957. Apothéose de l'esprit d'innovation d'André Citroën, la Traction ne s'impose vraiment qu'après sa mort.

1934

CI-DESSUS
Rassemblant plusieurs innovations, comme les roues avant motrices, les freins hydrauliques, le moteur flottant, les roues indépendantes, la structure monocoque et la suspension par barres de torsion, la Traction Avant se révèle être une voiture difficile à mettre au point. Ici, une caravane d'essai s'est arrêtée quelque part en France, sur le bord d'une route nationale, et il semble, pour une fois, que c'est au tour de la Rosalie d'assistance de connaître quelques problèmes. Les trois 7 CV visibles ici sont équipées d'avertisseurs peints en noir.

Pour faire face à la crise qui frappe la France de plein fouet, et tout particulièrement son entreprise, André Citroën pense qu'il faut innover et s'intéresse à un projet de petite traction avant. Gabriel Voisin présente alors à André Citroën un fervent défenseur du système de traction avant, André Lefebvre. André Citroën décide de l'embaucher immédiatement. En mars 1933, André Lefebvre s'installe quai de Javel pour concevoir une automobile dont voici les principaux éléments du cahier des charges : traction avant, 7 CV (chevaux fiscaux), une consommation de 7 l/100 km, une vitesse de 100 km/h, quatre places, 800 kg, un châssis-coque en acier, un convertisseur hydraulique et un prix de vente de 15 000 F.

LES PREMIERS PROTOTYPES

André Lefebvre travaille vite, puisqu'il présente ses deux premiers prototypes à André Citroën en août 1933, soit moins de six mois après avoir été embauché. Ces deux modèles ressemblent beaucoup à ce que sera la 7, avec une ligne plus rustique. Ils sont déjà équipés de l'excellent moteur Sainturat. La boîte de vitesses est

« La nouvelle automobile semble véritablement révolutionnaire. Peut-être un peu trop... »

extrapolée à partir d'une boîte de 8 CV Citroën. Les joints de transmission sont de marque Tracta et sont supposés n'apporter aucune difficulté. En réalité, des problèmes de mise au point se présentent rapidement.

DES RÊVES DE GRANDEUR À LA TRISTE RÉALITÉ

Le 24 mars 1934, après la première grave alerte financière, André Citroën réunit à Paris ses principaux concessionnaires afin de leur dévoiler la nouvelle voiture. Ils sont incrédules : la nouvelle automobile, si basse par rapport à tout ce qui s'est fait jusqu'alors, semble véritablement révolutionnaire, peut-être un peu trop. Mais André Lefebvre, qui explique les avantages de la 7 sur ses concurrentes, notamment en matière de tenue de route, est convaincant. En outre, la production des anciens modèles plus classiques, à propulsion arrière, est maintenue. La réaction est donc enthousiaste, et les actions Citroën montent de 10 % en une journée. Le succès de la 7, notamment auprès des médias, ne doit pas faire oublier que la réalité est très différente. Les pannes en tout genre sont nombreuses, et y remédier n'est pas simple, car la voiture présente tant d'innovations techniques que le personnel des garages ne sait pas toujours comment traiter les problèmes. Les deux soucis les plus fréquents sont dus aux cardans et à la coque sans châssis.

Ci-dessus
Le 27 avril 1934, alors que la production à la chaîne de la 7 CV a déjà commencé, André Citroën fait visiter son usine de Javel au roi de Siam et à son épouse. Cette photographie, prise dans le grand hall de montage, montre le souverain en train d'admirer la mécanique d'une 7 CV en bout de ligne qui n'a pas encore reçu son capot. Les housses de protection posées sur les phares ne seront retirées qu'après le montage du capot.

Ci-dessus
Outre ses deux boîtes à gants et son compteur central, le tableau de bord des toutes premières 7 CV, produites au mois d'avril 1934, se reconnaît à son petit levier de changement de vitesse.

Ci-contre
Cette 7 CV d'avant série est ici photographiée à Clermont-Ferrand, place des Carmes, en face de l'usine Michelin. Le chiffre peint sur la carrosserie indiquerait qu'il s'agit là du septième exemplaire de présérie. Les cache-moyeux chromés sont abandonnés sur les voitures de série au profit d'enjoliveurs larges recouvrant les écrous.

La technique de la Traction Avant

"Traction Avant" CITROËN

L'apparition de la Traction Avant marque une étape majeure dans l'histoire de l'automobile. L'année 1934 est une date charnière : la sortie de ce véhicule rejette dans le passé les voitures à propulsion arrière. Certes, la formule de la traction avant mettra du temps à s'imposer, en raison des difficultés de mise au point et de fabrication – dont souffrira d'ailleurs la Traction Citroën à ses débuts –, mais tous les constructeurs finiront par se rallier au principe de la traction avant.

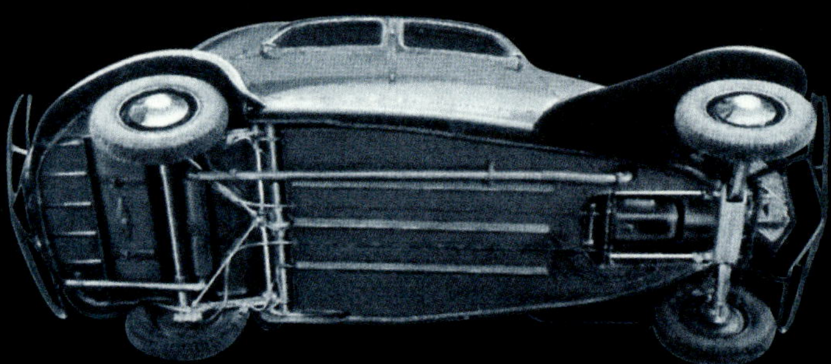

Un fond plat

Le regroupement de tous les organes mécaniques à l'avant permet à André Lefebvre et à son équipe d'ingénieurs d'obtenir une automobile dont le fond est entièrement plat. Ce dernier influe sur le bon comportement aérodynamique de la voiture.

Avantages de la Traction Avant

Les *Conférences techniques* éditées par l'usine au mois d'avril 1934 sont destinées à expliquer les innovations et les avantages de la nouvelle Citroën, la Traction Avant étant souvent comparée à celle qu'elle est appelée à remplacer. Le schéma de profil, destiné à montrer le positionnement du centre de gravité de la Traction Avant, montre une voiture dont le capot possède un embouti horizontal se prolongeant jusqu'à la calandre.

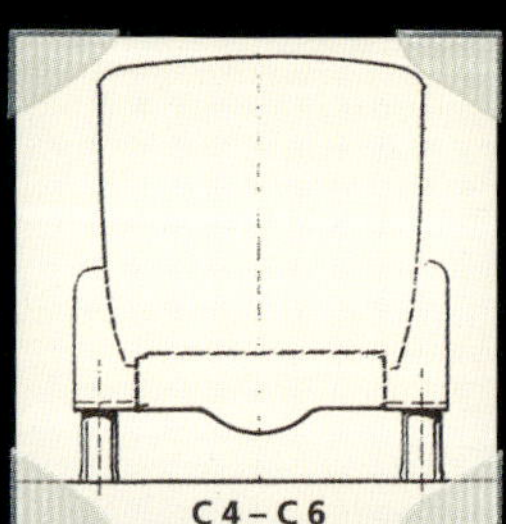

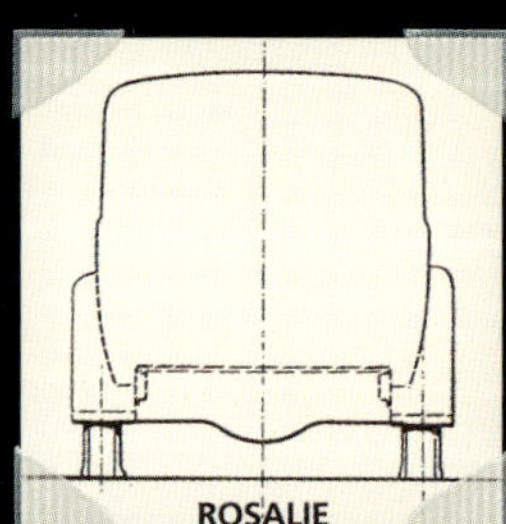

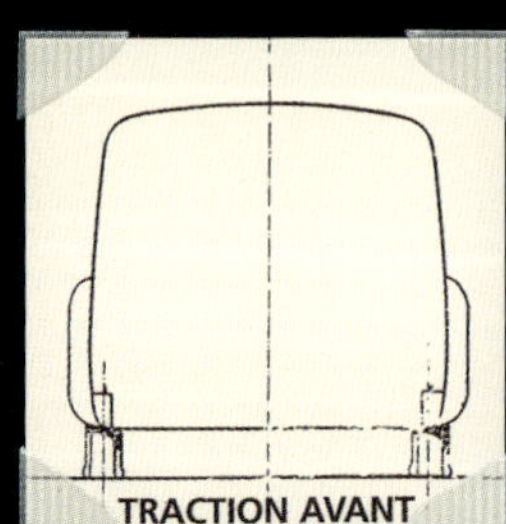

La simplicité d'un concept

Autre avantage du tout à l'avant, le groupe mototracteur peut être désolidarisé du reste de la voiture le plus facilement du monde en un temps très réduit. Cette photographie a été prise au Grand Palais, au mois d'octobre 1935, sur le stand Citroën du Salon de l'automobile.

Un moteur en or

Avec ses soupapes en tête commandées par un arbre à cames latéral, ses chemises amovibles et son vilebrequin à trois paliers, le moteur de la Traction Avant est tout de suite au point et ne connaît jamais de défaillance.

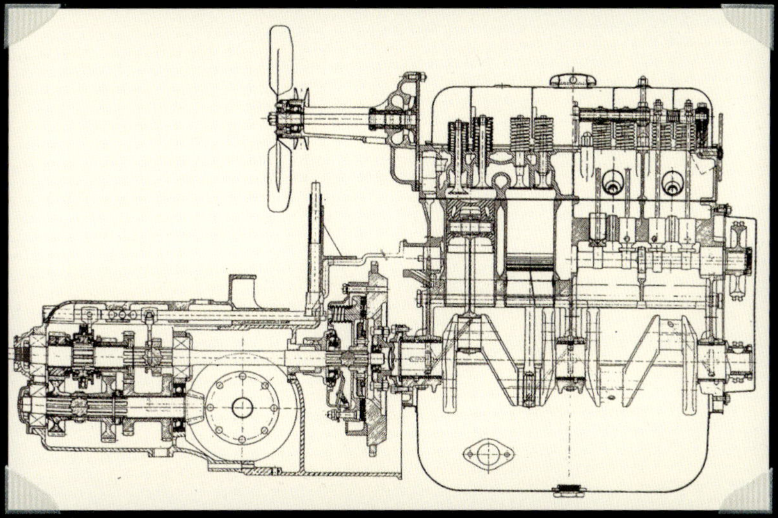

Explications techniques

Un moteur a été entièrement recouvert de peinture claire afin de réaliser des photographies techniques sur lesquelles le moindre détail doit être visible. Elles montrent, en haut, l'allumage et la pompe à essence mécanique, avec son filtre, et, ci-dessus, le collecteur d'admission, avec son carburateur horizontal Solex, le collecteur d'échappement dirigé vers l'avant – caractéristique des toutes premières 7 CV – et la dynamo. Au-dessus de l'embrayage et de la boîte de vitesses se trouvent la pompe à eau et le ventilateur assurant le refroidissement du moteur.

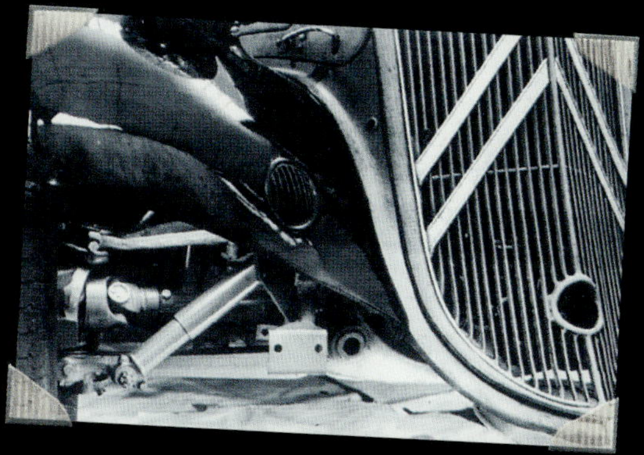

Premières évolutions

En 1935, les Traction abandonnent la solution des amortisseurs à friction pour adopter des amortisseurs hydrauliques télescopiques. À partir du Salon d'octobre 1934, les avertisseurs ne sont plus montés sur les pare-chocs mais sous les ailes avant, derrière une grille. La voiture photographiée ici est une 11 CV, reconnaissable à sa calandre à vingt-six barres et produite après le mois d'octobre 1935, comme l'indique son double chevron plat fixé sur une calandre peinte.

LA 7 CV
1934

La présentation officielle a lieu dans le Hall de l'Europe, en présence de nombreux journalistes et des trois cent cinquante concessionnaires Citroën. Ils repartent chacun au volant d'une 7... et n'arriveront d'ailleurs pas tous à destination, en raison de pannes. Peu importe, les échos de la presse sont véritablement dithyrambiques. *Le Journal* écrit notamment :
« Même au repos, la 7 donne, avec ses lignes basses et ses courbes heureuses, une impression de vitesse. On dirait un lévrier d'acier, et, dans ce hall d'exposition vaste comme une cathédrale et si clair qu'on pouvait se croire en plein air, on l'imaginait aisément glissant, souple et silencieuse, à travers plaines, monts et vallées, sur les routes étrangères, ainsi portant au loin le renom et comme le reflet d'une France jeune et confiante. »

Ci-contre et ci-dessous
Ces deux photographies ont été prises aux extrémités du grand hall de montage de l'usine du quai de Javel. Elles montrent l'impressionnante nef de la gigantesque « cathédrale » de verre et d'acier construite en cinq mois par André Citroën. Les deux chaînes d'assemblage finales font chacune plus de 250 mètres de long.

Ci-dessus
Ceci est la première photographie officielle de la Citroën 7 CV. La voiture n'est pas définitive : elle n'a qu'un seul essuie-glace, les avertisseurs sont toujours peints en noir, et les volets de capot reçoivent des poignées plus longues que sur les modèles de série.

Ci-contre

En bout de chaîne, dans le hall de livraison, les 7 CV effectuent leurs premiers mètres. Sur la lunette arrière, elles portent l'inscription « en rodage », encadrée de deux chiffres « 7 ». Certaines rejoignent directement par la route les concessions ou les agences Citroën, les autres attendent que leurs propriétaires viennent les chercher. À gauche, la troisième voiture stationnée est un coupé. Plus loin, en hauteur, on distingue l'avancée de verre du bureau d'André Citroën.

Ci-contre

Le premier catalogue de la 7 CV Citroën ne porte curieusement pas de référence. Ses vingt pages mettent en valeur et expliquent toutes les innovations techniques que la nouvelle Citroën rassemble.

Ci-contre

Pour prouver la solidité et la résistance de la carrosserie monocoque, André Citroën fait précipiter une 7 CV neuve du haut d'une falaise. Une fois arrivée en bas, la voiture s'est déformée au niveau du berceau moteur, mais ses quatre portes s'ouvrent et se ferment normalement, toutes ses glaces sont intactes, et elle peut même encore rouler ! Ainsi mal en point, cette Traction Avant est ensuite exposée au magasin Citroën des Champs-Élysées avec un grand panneau explicatif, tandis que son aventure est relatée en détail dans le bulletin Informations Citroën n° 8, paru le 10 août 1934.

Une gamme COMPLÈTE

Le Salon de 1934 est un succès, et le stand Citroën a de quoi attirer les curieux et les acheteurs éventuels. Pas moins de douze Traction sont présentées. On trouve trois 22 CV (une Limousine noire à six places, une Berline deux tons à ailes noires, un roadster rouge foncé), les neuf autres Traction étant trois 11 A (une Berline, une Familiale, un faux cabriolet deux tons), deux 11 L (une Berline et un roadster), deux 7 C (une Berline et un faux cabriolet) et deux 7 de démonstration (l'une est coupée en deux dans le sens de la longueur, et l'autre est désolidarisée de son moteur, afin de montrer les avantages de la formule de la traction avant).

LA 7 A

La carrière de la première Traction Avant, la 7 A, est très courte : la première vente s'effectue le 3 mai 1934, et la production s'arrête au mois de juin, car le moteur est trop peu puissant. Le prix de vente de 15 000 F, prévu par le cahier des charges, n'a pas été maintenu, non en raison d'un prix de production plus lourd, mais parce que les concessionnaires ont fait remarquer à André Citroën que ce prix était trop bas et que la 7 se vendait aussi bien à 18 000 F qu'à 15 000 F.

LA 7 B

La 7 B prend le relais dès le mois de juin 1934. Elle se différencie par son nouveau moteur, plus puissant, de 9 CV. Pour le reste, l'apparence est quasiment la même. En option, il est possible d'obtenir un toit tôlé pour 600 F de plus. La production exacte de la 7 B n'est pas connue non plus, car les numéros de série ne sont pas plus fiables que ceux de la 7 A.

LA 7 C

Les premières 7 C ne se différencient pas des 7 B, à l'exception des voitures de présérie montrées au Salon de Paris, en octobre 1934, qui sont dotées de nouvelles ailes ajourées par des grilles de Klaxon. Le moteur est un peu plus puissant, la 7 C découlant de l'éphémère 7 Sport, sortie en même temps que la 7 B et dotée d'un moteur de 11 CV. L'apparence des

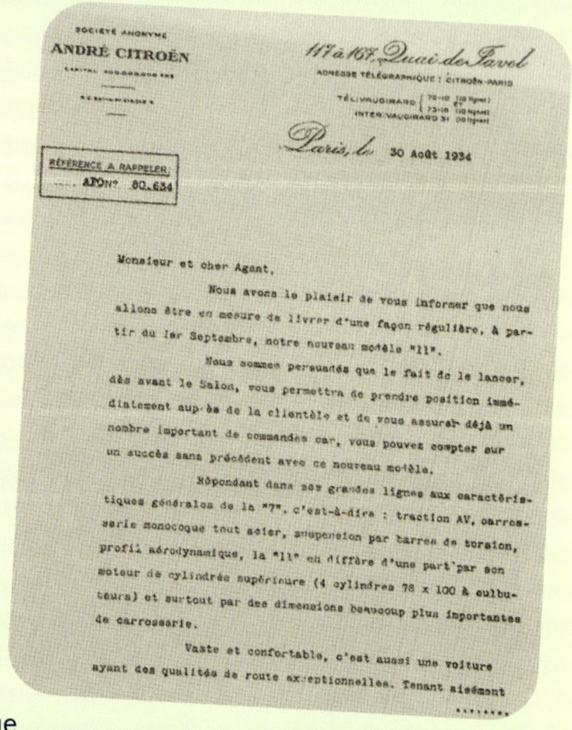
SOCIÉTÉ ANONYME
ANDRÉ CITROËN

117 à 167, Quai de Javel
ADRESSE TÉLÉGRAPHIQUE : CITROËN-PARIS

RÉFÉRENCE A RAPPELER:
APO n° 80.634

Paris, le 30 Août 1934

Monsieur et cher Agent,

Nous avons le plaisir de vous informer que nous allons être en mesure de livrer d'une façon régulière, à partir du 1er Septembre, notre nouveau modèle "11".

Nous sommes persuadés que le fait de le lancer, dès avant le Salon, vous permettra de prendre position immédiatement auprès de la clientèle et de vous assurer déjà un nombre important de commandes car, vous pouvez compter sur un succès sans précédent avec ce nouveau modèle.

Répondant dans ses grandes lignes aux caractéristiques générales de la "7", c'est-à-dire : traction AV, carrosserie monocoque tout acier, suspension par barres de torsion, profil aérodynamique, la "11" en diffère d'une part par son moteur de cylindrée supérieure (4 cylindres 78 x 100 à culbuteurs) et surtout par des dimensions beaucoup plus importantes de carrosserie.

Vaste et confortable, c'est aussi une voiture ayant des qualités de route exceptionnelles. Tenant aisément ....

CI-DESSUS
Plus longue et plus large que la 7 CV, la 11 CV adopte le moteur de 78 x 100 d'alésage/course de la 7 S. C'est par cette lettre datée du 30 août 1934 que les agents Citroën sont invités à prendre des commandes pour ce nouveau modèle, sans attendre le Salon d'octobre, puisque l'usine est « en mesure de livrer de façon régulière à partir du 1er septembre ». Les versions annoncées pour la 11 CV sont alors la Berline six places, le cabriolet trois/cinq places (dont deux dans le spider), le coupé trois/cinq places (dont deux dans le spider), la Familiale neuf places (dont trois sur strapontins face à la route), le coupé de ville dérivé de la Berline, avec séparation et sans strapontins, et, enfin, le coupé de ville dérivé de la Familiale, avec séparation et avec strapontins dos à la route.

« L'apparition de la 11 est importante dans l'histoire de la Traction Avant, car c'est le modèle le plus célèbre. »

premières 7 C de série est exactement la même que celle des 7 B, mais, rapidement, durant le mois de novembre 1934, les 7 C se différencient par leur toit tôlé et leurs ailes ajourées. La carrière de la 7 C durera jusqu'à la guerre.

LA 7 S

Bien qu'elle porte le chiffre 7, la 7 S est en fait une 11 CV. Son apparition est due en partie aux difficultés que rencontre la 7 A en raison de son moteur trop peu puissant. Citroën se rend compte qu'une partie de la clientèle lui échappe à cause de la faible cylindrée de la 7 A, et même de la 7 B. En conséquence, la 7 S, ou 7 Sport, est mise en vente dès le mois de juin 1934. Elle est équipée d'un moteur de 11 CV mais n'est pas appelée 11 pour des raisons de politique commerciale : la publicité fait alors un effort considérable sur la 7. Extérieurement, la 7 S n'est différente des autres 7 que par un détail : la largeur supérieure des pneus Michelin qui l'équipent.

LA 11 A

L'apparition de la 11 est importante dans l'histoire de la Traction Avant, car c'est le modèle le plus célèbre. André Citroën marque les premiers jalons du remplacement de toute sa gamme à propulsion arrière par des tractions avant. Le dessin de la 7 étant excellent, la 11 n'en est qu'une extrapolation : elle est élargie de 12 cm et allongée de 20 cm. La mécanique est identique à celle de la 7 Sport. Au départ, la 11 ne connaît pas un succès fulgurant, car il semble que sa finition, supposée luxueuse, soit encore plus bâclée que celle de la 7.

LA 11 AL

Directement issue de la 7 S, la 11 AL est en fait exactement la même voiture. Elle prend le nom de 11 AL au moment où la gamme 11 apparaît, ce qui semble normal. En revanche, avec sa carrosserie de 7, il convient de bien la distinguer dans l'esprit des acheteurs : elle prend donc le nom de Légère. Sa carrière commence au Salon de 1934, en octobre, et les premières ventes débutent apparemment en novembre.

CI-DESSOUS
Dans le hall de livraison de l'usine du quai de Javel, des 7 CV et des 11 CV sont disposées le temps d'une photographie qui permettra de réaliser un dessin présentant la gamme complète des Traction Avant Citroën (7 CV, 11 CV et 22 CV), et destiné à illustrer un catalogue édité à l'occasion du Salon d'octobre 1934.

La 22 CV, la plus mystérieuse de toutes les Traction Avant

L'histoire de la Traction Avant Citroën serait incomplète sans mentionner la fameuse 22 à moteur V8, même si sa construction en série n'a jamais été lancée. C'est une voiture prestigieuse, dont l'histoire secrète et inconnue laisse place à toutes les rumeurs et tous les mythes. Sa première apparition date du mois d'août 1934, lors de la présentation de la Traction aux concessionnaires : une maquette grandeur nature est là, à côté des 11 Normale.

Première publicité

La première publicité de la 22 donne quelques détails sur ce qu'imagine André Citroën : « Bientôt la "22". 8 cylindres en V. 140 km/h, 16 litres aux 100. Conçue et créée pour l'élite, cette voiture doit être pour vous une source de bénéfices supplémentaires. Parlez-en dès maintenant comme d'une voiture unique au monde. La "22" est la seule voiture qui dispense à la fois la joie de la très grande vitesse et la sécurité absolue. Carrossée en coupé de ville, elle sera la voiture la plus chic de l'année. Autres modèles : Berline, conduite intérieure, cabriolet, faux cabriolet, Familiale. Le confort d'une voiture de luxe. Le brio d'une voiture de course. »

Présentation publique

La 22 est présentée au public au Salon d'octobre 1934, avec trois modèles : une Berline, une Familiale et un roadster, sans parler d'un moteur V8 exposé séparément. La polémique fait encore rage aujourd'hui sur la présence ou non des fameux moteurs Citroën V8 dans les modèles présentés au Salon. C'est certain pour la Limousine, puisque des photographies la montrent capot ouvert, inspectée par des visiteurs.

Une bien triste fin

L'arrivée de Michelin aux commandes de la société d'André Citroën met un terme à l'aventure de la 22, et l'ordre est donné de détruire tous les éléments propres à ce modèle, les moteurs et la tôlerie avant, tandis que les caisses seront reconditionnées en 11 Normale. Toutefois, il n'est pas impossible que quelques modèles déjà « distribués » aient survécu. C'est là que naît le mythe de la 22.

La légende de la 22 CV

Il semble néanmoins qu'une petite vingtaine d'exemplaires de la 22 CV, adoptant diverses carrosseries, aient été construites. Ceux qui ont eu la chance de pouvoir les essayer à l'époque en gardent un souvenir inoubliable. Désormais, il n'en reste plus que des photographies en noir et blanc. Reconnaissable entre mille avec ses phares encastrés et son chiffre « 8 » au milieu de la calandre, la 22 CV fait encore aujourd'hui couler beaucoup d'encre, car si, officiellement, toutes les voitures ont été détruites par l'usine, certains passionnés de Traction Avant ont de bonnes raisons de croire que des 22 CV ont survécu et qu'elles existent toujours, cachées au fond d'une grange…

La première année MICHELIN

En septembre 1935, Pierre Michelin est nommé président et Pierre Boulanger vice-président. Cette première année sous la tutelle de Michelin est marquée par l'abandon de la 22 CV et l'avenir enfin prometteur de la Traction Avant. La viabilité de cette dernière est assurée après la résolution de nombreux problèmes de mise au point. Pour la première fois depuis 1919, le Salon de Paris ouvre ses portes sans le fondateur de la marque au double chevron. Lors de l'inauguration présidentielle, Albert Lebrun est accueilli sur le stand par Pierre Michelin.

1935

Ci-dessus
Ce géant d'Europe centrale n'est pas une attraction de foire, mais le comte Chopski, d'origine polonaise, travaillant au service des exportations du constructeur du quai de Javel. Malgré son imposante taille (1,95 m), celui-ci prend aisément place à l'intérieur de cette 11 CV Familiale non encore immatriculée. Datant du début de l'année 1935, elle est encore équipée de phares à verre plat ainsi que d'une calandre chromée avec les chevrons sous la grille. Le 24 mars 1934, devant ses quarante plus importants concessionnaires, lors de la présentation en avant-première de la 7 CV, André Citroën avait déjà demandé au géant de s'installer au volant. D'abord incrédule, l'assistance devient finalement convaincue en constatant que ce dernier peut ranger ses longues jambes dans cette nouvelle voiture sans marchepieds qui leur paraît si petite.

Alors que la filiale de Berlin n'est maintenue que pour des raisons psychologiques, les ventes en France, au mois de septembre 1935, sont estimées faibles, avec un chiffre de l'ordre de trois cent vingt-cinq voitures par semaine. Le prix de la 11 CV est diminué de 2 000 F. La différence de prix de vente avec la 7 CV (différence de prix de revient avec la 7 CV : 1 100 F) est ainsi ramenée à 5 000 F. Il est prévu de faire un effort commercial et publicitaire à l'occasion du Salon de 1935. Des améliorations sont apportées sur les 7 CV et les 11 CV.

LE MOTEUR FLOTTANT

Dès décembre 1934, le nouveau système de moteur flottant, le procédé Pausodyne de MM. Lemaire et d'Aubarède, permet de régler les problèmes liés aux déplacements intempestifs du moteur. Au début de l'année 1935, la 7 reçoit un nouveau train avant, appelé Stade 1 bis, qui rend enfin fiable cet élément important, avec notamment l'installation de nouveaux cardans Glaenzer-Spicer. Les amortisseurs sont

« Il est prévu de faire un effort commercial et publicitaire à l'occasion du Salon de 1935. »

CI-DESSUS ET CI-DESSOUS
Comme c'est l'habitude depuis 1921, le catalogue du constructeur du quai de Javel comprend une version taxi dérivée d'un modèle existant déjà. Ainsi, la 11 Familiale et la 11 Limousine se prêtent à cette transformation dès 1934, le premier des clients étant bien évidemment la Société anonyme des taxis Citroën. Après la faillite d'André Citroën, celle-ci est revendue à Peugeot, et il faut attendre 1953 et le retour de la 11 Familiale pour voir réapparaître au catalogue une voiture spécialement équipée pour cet usage.

également changés pour des Spicer hydrauliques et télescopiques, à l'avant comme à l'arrière. Le train arrière est également transformé. L'innovation la plus voyante est l'apparition, en octobre 1935, d'une malle arrière ouvrant sur l'extérieur. En conséquence, la plaque minéralogique est transférée sur l'aile gauche, et les feux arrière sont placés plus bas sur les ailes. La calandre est peinte et les phares ont des verres bombés. Enfin, le toit lui aussi est plus bombé, alors qu'il était quasiment plat jusqu'en septembre 1935. La production de la 7 C est de quatorze mille soixante-seize exemplaires en 1935.

LA 11 ÉVOLUE

Comme sa petite sœur, la 11 AL se voit dotée du nouveau train Stade 1 bis, des amortisseurs hydrauliques télescopiques et de l'essieu arrière cruciforme. Les sièges deviennent eux aussi tubulaires, mais les deux pare-soleil restent en place. La malle ouvrant sur l'extérieur est proposée au Salon. La production est réduite, ne dépassant pas deux mille cent quatre-vingt-un exemplaires. Les prix de vente s'échelonnent entre 22 000 F pour la Berline et 23 500 F pour le roadster. Pour la 11 A et la 11 Normale, les modifications sont les mêmes que sur les autres modèles, mais plus tardives. La malle n'est pas proposée systématiquement au Salon d'octobre. La production n'est pas exceptionnelle, puisque seulement mille huit cent cinquante-quatre véhicules sont construits.

LA FIN D'ANDRÉ CITROËN

En juillet 1934, un plan de consolidation financière est rejeté par les banques et le gouvernement, pour qui André Citroën est trop dispendieux. Fin novembre, la Compagnie franco-américaine des jantes en bois refuse le report de deux traites de 30 000 F et porte plainte. La justice prononce la liquidation judiciaire de la société Citroën. Très affaibli, André Citroën est opéré à la clinique Georges-Bizet le 9 mai 1935, mais le cancer de l'estomac dont il est atteint est trop avancé pour tenter quoi que ce soit. Il s'éteint le 3 juillet suivant à l'âge de cinquante-sept ans. Le surlendemain, son cercueil est transporté dans le hall d'entrée du bâtiment administratif de l'usine de Javel, transformé en chapelle ardente. Fin 1935, la Traction Avant réussit à surmonter ses défauts de jeunesse et entame une carrière exceptionnelle. Dès 1936, la société Citroën fait à nouveau des bénéfices. Il a manqué un an à André Citroën pour sauver sa maison grâce à la Traction.

LA 11 COMMERCIALE
1938

Jusqu'en 1937, toutes les Traction Avant de la gamme sont des voitures de tourisme et n'ont pas, semble-t-il, de vocation utilitaire. Mais, cette année-là, deux prototypes de 11 Commerciale sont construits. La 11 C reprend naturellement le châssis le plus long, celui des Limousine et Familiale, avec son empattement de 4,80 m et ses six glaces. La principale disposition spécifique à la 11 C est située à l'arrière, qui s'ouvre en deux parties grâce à deux hayons. La 11 Commerciale ne connaîtra pas un immense succès et sera retirée de la gamme en 1941.

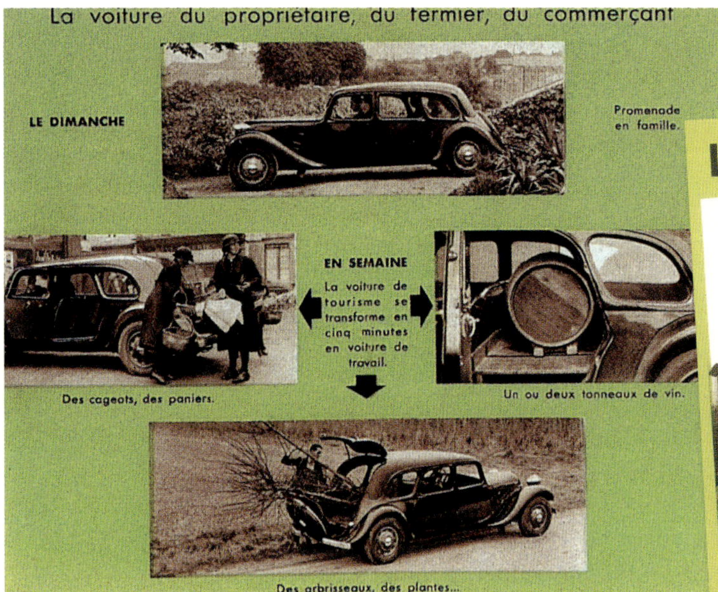

CI-CONTRE
Le catalogue 1938-1939 met en avant les points importants qui démontrent que la 11 Commerciale est particulièrement bien pensée.
• Le hayon inférieur, qui porte la roue de secours, est amovible sur ses charnières. Celui du haut dispose de poignées.
• Les portes arrière et la porte avant droite peuvent se rabattre complètement. Les garnitures en moleskine noire peuvent être démontées pour éviter de les déchirer.
• À l'arrière, les deux barres peuvent recevoir les deux griffes d'un poulain, ce qui permet de charger des barriques, de vin notamment, sans effort.
• Le hayon inférieur peut prendre trois positions : en fourragère, à l'horizontale ou être simplement retiré.
• Le faux plancher possède lui aussi plusieurs positions ; il peut être ôté en position haute ou en position basse.
• Le siège du passager peut s'enlever en moins d'une minute et sans outil, grâce à deux écrous à oreilles.
• Le dossier du siège passager est plat et rabattable. Il peut former une tablette pour la balance ou le livre de comptes.
• Le plafonnier est avancé vers l'avant. Pour le travail du soir, la lumière descend verticalement.
• Une trappe permet l'écoulement des liquides (eau de lavage, urine d'animaux) et le nettoyage intérieur (la tôle du plancher est revêtue d'un linoléum collé imputrescible).

Ci-contre et ci-dessous
Le catalogue montre quelques exemples d'utilisation de la 11 C. Le boulanger emporte 400 kg de pain ou cinq sacs de 100 kg de farine. Le laitier dispose d'une place suffisante pour dix-huit pots de 20 litres. Le boucher peut, lui, emporter six moutons de 50 kg ou deux veaux de 100 kg. Des clichés illustrent ces affirmations, et l'on peut voir des moutons qui pénètrent dans une Traction.

L'AVÈNEMENT DE LA 15-SIX
1938

L'année 1938 est marquée essentiellement par la sortie d'un nouveau modèle de Traction Avant, la 15-Six. Comme le laisse entendre sa cylindrée, il s'agit d'une voiture haut de gamme, destinée à remplacer la fameuse 22 CV, dont le projet avait été interrompu par Michelin lors de la reprise de la société Citroën. Le nouveau modèle devra donc être plus simple à mettre au point, et le fameux moteur à huit cylindres en V de la 22 est abandonné. Pierre Boulanger, qui veut une standardisation de tous les modèles, a même indiqué à ses ingénieurs à la fin de l'année 1936 : « Il faut que cette voiture soit comme la 11, sinon il est inutile de me présenter vos projets. »

CI-CONTRE ET CI-DESSUS
Un temps, les ingénieurs de Citroën pensent quand même reprendre la ligne de la 22 CV, avec notamment les phares dans les ailes, mais Boulanger n'en veut pas, et Marcel Michelin non plus. La 11 CV sert donc de base : sa coque est renforcée, car la 15-Six aura un surplus de poids de 25 % environ par rapport à cette dernière, en raison de l'épaisseur plus importante des tôles.

CI-CONTRE
La mise au point est longue et plutôt difficile, sans rappeler néanmoins les débuts épouvantables de la 7. Michelin veut éviter les problèmes rencontrés par André Citroën en 1934. Aucune voiture n'est livrée en 1937, et les premières sont réservées à des clients triés sur le volet, dont trois personnages clefs de la société Michelin : Pierre Boulanger, Marcel Michelin et Robert Puiseux. Les trente-sept premiers clients sont soigneusement choisis : des industriels, essentiellement, mais aussi des célébrités, comme Gallimard ou l'écrivain Paul Morand.

Ci-contre
La construction en série de la 15 débute en février 1939. Outre la berline standard, le modèle est décliné, comme d'habitude, en différentes versions : une Limousine à empattement long (cinq places), une Familiale à huit places et un cabriolet. La production est loin d'être négligeable pour un modèle haut de gamme, dont la vocation, d'après Pierre Michelin, est de concurrencer des marques aussi prestigieuses que Hotchkiss, Talbot, Delage et Bugatti. En 1939, mille huit cent dix-huit exemplaires de la Berline sont fabriqués, deux cent soixante-dix-sept de la Familiale, deux cent treize de la Limousine et un seul et unique roadster. La production de l'année 1940 est très faible et s'arrête au moment de l'invasion allemande.

Ci-contre
Extérieurement, la 15 CV se distingue de la 11 CV par de nombreux détails. On trouve ainsi un capot beaucoup plus long imposé par le moteur à six cylindres, deux avertisseurs fixés sur les ferrures de pare-chocs, un double chevron fixé sous la grille de la calandre, un insigne spécifique faisant office d'obturateur de trou de manivelle, des sabots d'aile, des bananes sur les pare-chocs avant et arrière, des petits feux sur le sommet des ailes avant, des baguettes soulignant la ceinture de caisse sur les portières et la mention « 15. 6 cyl. » sur l'aile arrière droite. La 15 CV est uniquement disponible en noir, et ses roues Michelin Pilote sont invariablement peintes de couleur ivoire et chaussées de pneumatiques Michelin Pilote de 185 x 400.

LA GAMME 1939

1939

Au mois de janvier 1939, toutes les Traction, à l'exception de la 15 CV, arborent de nouveaux chevrons sur leur calandre. Ceux-ci ne sont désormais plus creux et peints, mais bombés et en aluminium poli. Officiellement, la production des cabriolets ne se poursuit pas au-delà de la fin de l'année, tandis que les coupés ont été abandonnés l'année précédente. La gamme se compose de quatre familles (7 CV, 11 Légère, 11 CV et 11 Familiale) déclinées en différents modèles…

CI-CONTRE
La 7 CV. Cette 7 CV en révision au garage Flambard, agent Citroën à Arpajon, sur la route nationale 20, est un bon exemple de voiture « accessoirisée ». La Traction Avant, de plus en plus répandue, fait alors le bonheur des marchands spécialisés. Sur cette voiture, on trouve donc des enjoliveurs chromés sur les quatre roues, des marchepieds entre les ailes avant et arrière, et des bananes de pare-chocs identiques à celles montées d'origine sur les 15 CV.

CI-CONTRE
La 11 Légère. La 7 CV et la 11 Légère ne diffèrent toujours que par des pneumatiques de dimensions différentes (155 x 400 pour la 7 CV et 165 x 400 pour la 11 Légère). Depuis 1938, elles sont disponibles soit peintes en noir avec les roues et les enjoliveurs jaune bouton-d'or, soit peintes d'une couleur unie avec les roues et les enjoliveurs de la même couleur, soit, enfin, peintes d'une couleur unie (sauf les ailes et le cache-roue de secours, peints en noir, les roues étant alors de la couleur unie de la caisse et les enjoliveurs de celle des ailes). Les couleurs irisées sont disponibles en option sur la 11 Légère et, à titre exceptionnel, sur la 7 CV.

Ci-contre
La 11 CV.
La 11 CV est disponible avec les mêmes combinaisons de couleurs que les 7 CV et les 11 Légère, sauf que les voitures peintes en noir ou en gris irisé ont des roues et des enjoliveurs rouges. D'autre part, les teintes irisées sont là disponibles en série.

Ci-contre
La 11 Familiale ou Limousine.
La version Familiale et la version Limousine de la 11 CV diffèrent uniquement par le montage de trois strapontins pliants augmentant d'autant le nombre de ses passagers.

1940-1957

L'âge ADULTE

La Traction EN GUERRE

La production des Traction 7 et 11 CV se poursuit en 1940, même au début de l'Occupation, et va jusqu'en 1941 pour la 7 et jusqu'en 1942 pour la 11. En outre, la Citroën est utilisée par l'armée française, avec quelques réticences, puis par l'armée allemande, de telle sorte qu'on la retrouve sur tous les champs de bataille : en France, évidemment, mais aussi en Russie et en Libye. Il existe même une photographie d'une Traction (une version civile) jetée à l'eau à Singapour par des soldats britanniques, juste avant l'arrivée des Japonais.

Forcément, la guerre ne facilite pas les ventes. En 1940, la production des 7 C Éco se limite uniquement à des berlines, les roadsters et autres faux cabriolets étant certainement considérés comme trop frivoles pour cette période difficile. En juin 1941, la production s'arrête au profit de l'unique 11… et des châssis de camions dont l'Allemagne a le plus grand besoin.

PAS D'AMÉLIORATIONS EN VUE

La guerre n'est évidemment pas favorable aux améliorations techniques, et les 11 qui sortent en 1940 sont exactement les mêmes que celles de l'année précédente. En 1941, la production des 11 BL s'interrompt en novembre, après deux mille trente-huit unités construites. Le prix est en nette augmentation, mais les quatre pneus représentent à eux seuls près de 3 000 F, le caoutchouc étant rarissime. En 1943 et 1944, la production est totalement arrêtée. Elle ne reprendra qu'en juin 1945, après la fin de la guerre en Europe.

LES TRACTION SOUS L'UNIFORME FRANÇAIS

À sa sortie, en 1934, la Traction Avant Citroën intéresse les militaires comme voiture de liaison. La Commission militaire de Vincennes essaie une 7 CV en 1935, et l'automobile ne reçoit pour ainsi dire que des éloges. Toutefois, cela n'implique pas une commande immédiate, loin s'en faut, car Renault est le fournisseur habituel de l'armée. En 1938, pourtant, deux voitures sont mises en concurrence :

CI-DESSUS
Pendant la campagne de France, l'usine de Javel fournit essentiellement, et en très grand nombre, des camions Type 23 et Type 45 à l'armée française. Dans le grand hall de montage, la chaîne qui leur est réservée tourne à plein rendement. À droite de ce cliché, la chaîne des Traction fait l'objet d'une cadence soutenue. De février à juin 1940, près de six cents automobiles 7 CV, 11 Légère et 11 CV sont livrées aux militaires français et utilisées comme voitures de liaison.

1-40 N° 2.750 M
Société Anonyme ANDRÉ CITROËN N° 65
CARTE TEMPORAIRE
Valable du 1er Février au 31 Décembre
USINE de Toutes Usines
Monsieur COLLETTE Marcel
Service Secrétariat budgétaire
Le Chef du Personnel, Signature du Titulaire.
Carte rigoureusement personnelle - A rendre au Service du Personnel à l'expiration de la validité ou en cas de départ de l'Usine.
1940

CI-DESSUS
Comme chez tous les constructeurs, bon nombre de collaborateurs sont mobilisés à leur poste chez Citroën. Placés sous l'autorité militaire, ils se rendent alors à leur travail en uniforme. Parmi ceux-ci, Marcel Collette, directeur du secrétariat budgétaire, se voit délivrer cette carte lui permettant l'accès à toutes les usines.

« En 1943 et 1944, la production est arrêtée. Elle ne reprendra qu'en juin 1945, après la fin de la guerre. »

Ci-contre
Cette photographie a été prise juste avant le bombardement du 3 juin 1940, à l'angle du hall de montage et du hall de livraison, dans une usine de Javel encore intacte.
Elle montre une 11 CV qui, chaussée de pneumatiques Michelin Pilote de 185 x 400, serait une version à empattement long (Familiale, Limousine ou Commerciale), à moins qu'une telle monte ait aussi été utilisée sur les voitures livrées aux militaires pour en améliorer la garde au sol.

Ci-dessous
Outre les voitures achetées à l'usine, les militaires français utilisent également des Traction Avant réquisitionnées. Mais, toujours à cause de leur faible garde au sol, des voitures à châssis, telles que les produisent Peugeot ou Renault, leur sont largement préférées. Ce cabriolet 7 CV est attribué à un lieutenant-colonel de l'armée de l'air. En plus des enjoliveurs de bas de caisse, il a reçu des sabots d'aile nervurés identiques à ceux montés sur les 15 CV.

une Peugeot 402 et une Citroën 11 BL. Cette dernière donnant toute satisfaction, elle est commandée à deux cent quarante-sept exemplaires au début de l'année.
Des commandes ultérieures sont prévues, mais elles sont subordonnées à l'avis des corps de troupes utilisateurs. Celui-ci n'est pas très favorable : en effet, la garde au sol étant trop faible, elle touche facilement dans les mauvais chemins de terre.
La déclaration de guerre multiplie d'un seul coup le nombre de Traction Avant sous l'uniforme français, mais pas dans un nombre aussi conséquent que les Renault et les Peugeot : leur surbaissement leur évite la réquisition dans la région parisienne, où le choix en voitures est très large. En province, en revanche, les Traction sont réquisitionnées.
En 1940, l'armée passe quand même quelques commandes, mais sans rapport avec celles destinées aux autres marques. Le 15 février, cent exemplaires de la 11 B et cent cinquante de la 11 BL sont achetés. Les autres commandes seront passées au dernier moment et ne pourront être honorées : soixante-dix exemplaires le 24 mai, et deux cent cinquante le 7 juin, alors que les Allemands sont aux portes de Paris…

Le bombardement du 3 juin 1940
Le 3 juin 1940, à 13 h 20, des avions allemands bombardent l'usine Citroën du quai de Javel. D'après le Bulletin Citroën du 1er mai 1945, une grande partie des bâtiments sont sévèrement touchés. « En quelques minutes, l'incendie fait rage sur le quai de Javel et la rue Leblanc : l'atelier de peinture, l'imprimerie, le hall de livraison des voitures, les bureaux des Études et du Service financier, les magasins généraux où sont stockés de nombreuses voitures sont la proie des flammes. Le bombardement avait eu lieu quelques minutes après la rentrée du personnel. Il n'y eut cependant pas de victimes (douze blessés légers). Le surlendemain, l'usine tourne aux mêmes cadences qu'avant le bombardement, ce qui lui vaut une citation à l'ordre de l'Armement. »

Il est évidemment impossible de donner des chiffres concernant les Traction utilisées par les Allemands. Ils ont repris à leur compte les voitures déjà réquisitionnées par l'armée française et vont les utiliser sur tous les fronts, même en Russie, ce qui apparaît absurde tant la Traction semble peu destinée à des routes pareilles. L'Afrikakorps s'en servira également après la conquête de la Tunisie, à la fin de l'année 1942. Enfin, de nombreuses 11 et 7 seront utilisées par les FFI lors des combats de la Libération, qu'il s'agisse de voitures reprises aux Allemands ou de voitures particulières.

« Là où il y a du gazo, il y a de la gêne »

Sous l'Occupation, comme beaucoup de voitures, la Traction Avant continue à rouler grâce à ce que l'on appelle alors les carburants, ou les énergies de remplacement. Parmi ceux-ci, on trouve le gaz de ville, le gaz pauvre (obtenu grâce à un générateur de gaz monté sur le véhicule, et baptisé gazogène), l'alcool et l'électricité. Quelques Traction Avant seront équipées, à l'usine ou par la société Fenwick, d'un moteur électrique, mais, au mois de juillet 1942, les Allemands interdisent la fabrication de toutes les voitures électriques... Cette période très difficile voit ainsi apparaître toutes sortes de véhicules plus ou moins défigurés par les dispositifs qui leur permettent de rouler sans essence. Après la Libération, ils continuent ainsi un certain temps, car l'essence n'est remise en vente libre qu'à partir du 5 décembre 1949.

Ci-dessous
Gazostandard se propose d'installer son générateur de gaz pauvre, type Monobloc n° 5, à l'arrière de la voiture. Il n'est donc plus question de pouvoir disposer du volume du coffre, mais le carénage de l'ensemble, sur lequel prennent place la roue de secours et son cache, présente l'avantage de rendre la transformation plutôt discrète.

Ci-contre
La fin des combats et la Libération de Paris donnèrent lieu à d'énormes défilés. Ici, sur la place de la Concorde, cinq Traction Avant sont de la fête.

Ci-dessous
Après avoir fait la campagne d'Alsace et la campagne d'Allemagne, cette 11 CV revient à l'usine du quai de Javel, qui l'a vue naître. Baptisée Madeleine, elle pose ici avec son équipage et ses trophées devant le bâtiment de l'administration donnant sur la Seine. Derrière elle, encore en place, on distingue une des casemates construites en 1939 pendant la campagne de France.

UN SYMBOLE DE LIBERTÉ

À la Libération, la Traction Avant apparaît comme un des symboles de la France libérée, aux côtés de l'inévitable Jeep. À la fin des combats de la Libération de Paris, on voit ainsi la Traction dans le gigantesque défilé qui descend les Champs-Élysées puis emprunte la rue de Rivoli. Une photographie prise depuis la place de la Concorde montre pas moins de cinq Traction – dont un cabriolet accompagnant un camion Renault –, une Delahaye, deux Panhard, une Hotchkiss ainsi qu'une Jeep, future icône automobile.

LA RECONSTRUCTION

Au début du mois de novembre 1944, l'usine de Javel recommence à produire des camions Type 23 et Type 45. La fabrication de la Traction est strictement identique aux voitures commercialisées avant-guerre, à l'exception de ses sièges, dont le tissu présente un motif, et du capot, dont les volets ont été remplacés par des louvres, comme sur les 15 CV. De plus, elle est chaussée de pneumatiques Michelin Pilote 165 x 400 portant la mention « rechapé ». En ces temps de pénurie, cela n'a rien de bien étonnant. Outre la construction de poids lourds, Citroën participe à l'effort de guerre en reconditionnant des moteurs pour les camions de l'armée américaine.

Ci-contre et ci-dessous
Le 21 janvier 1948, la société Citroën remet à Pierre Boulanger cette médaille représentant la chaîne de montage de l'usine de Javel, pour commémorer son attitude ferme et hostile envers l'occupant du mois de juin 1940 jusqu'en août 1944.

LE PREMIER SALON DE L'APRÈS-GUERRE
1946

Les chaînes de montage de la 11 BL se sont à nouveau mises à tourner en juin 1945, un mois après la capitulation de l'Allemagne. Extérieurement, ces modèles de 1945 sont exactement les mêmes que ceux de l'avant-guerre, à quelques exceptions près. La plupart de ces voitures sont montées avec des stocks de pièces de l'avant-guerre ou du début du conflit, et la finition est plutôt sommaire. Elles sont d'ailleurs livrées sans roue de secours. Et le prix est étonnant, car il est proposé aux clients d'acheter leur voiture sans pneus à 110 670 F, ou avec des pneus à 120 125 F. L'année 1946 et son salon donnent un nouveau départ à la carrière de la Traction.

CI-DESSUS
Au mois de mai 1946, ce train passant le long de la Seine, devant le quai de Javel, emporte hors de nos frontières voitures et camions Citroën destinés aux marchés d'exportation. Les deux 11 Légère visibles au premier plan sont encore équipées de roues Michelin Pilote et du capot à volets. Leurs pare-chocs sont dénués de bananes, et leurs ailes ne possèdent pas de sabots. Pour ne pas être endommagés pendant le transport, les enjoliveurs de roue ont été démontés et rangés dans le coffre de la voiture.

CI-DESSUS
Photographiée dans les locaux du bureau d'études au mois de mars 1946, cette 11 Légère est équipée d'un capot à louvres, de bananes de pare-chocs, de sabots d'aile, d'un jonc soulignant la ligne de caisse sur les portières, de phares chromés ainsi que de bavettes d'aile avant longues et à bords arrondis. Tous ces détails ne figurent pas encore sur les voitures construites à cette époque.

CI-CONTRE
En mai 1946, la commune de Levallois fête son centenaire et organise à cette occasion une exposition dans les locaux de sa mairie. Citroën, qui possède une usine sur son territoire, participe à la commémoration en exposant la toute première Citroën Type A, tombée de chaîne en 1919, ainsi qu'une 11 CV Légère. Cette dernière arbore des roues Michelin Pilote, un capot à volets, des pare-chocs sans bananes et des ailes sans sabots. Elle reçoit cependant des bavettes d'aile avant et des phares chromés.

SECURITE

Grâce à la Traction Avant, la voiture colle à la route.

Virages sans danger aux grandes allures.

Freinage précis et toujours équilibré par les freins hydrauliques, sûrs, puissants et progressifs.

Carrosserie tout acier.

AGREMENT DE CONDUITE

Large visibilité.

Maniabilité exceptionnelle de la direction à crémaillère.

Les appareils de bord groupés sous les yeux du conducteur.

Le changement de vitesse sur le tableau de bord.

CONFORT

Suspension par barres de torsion et amortisseurs hydrauliques.

Large banquette arrière.

Plancher plat à l'avant comme à l'arrière.

Place pour allonger les jambes.

Sièges réglables en marche.

Chauffage pour l'hiver.

ECONOMIE

à 60 de moyenne, 10 L. à 10 L. 5 aux 100 km.

à 70 de moyenne, 10 L. 5 à 11 L. aux 100 km.

à 80 de moyenne, 12 à 13 L. aux 100 km.

MOYENNES ÉLEVÉES

Vitesse en pointe : 115 km/h.

Ci-dessous et ci-contre

Ce catalogue portant la référence AC 4793, et datant du mois de juin 1946, montre une 11 Légère identique à celle photographiée au bureau d'études, exception faite de l'obturateur de trou de manivelle et des enjoliveurs de roue, qui recouvrent les cinq tocs et arborent la classique petite calotte chromée.

Ci-contre

Cette photographie de la chaîne de montage des Traction Avant à l'usine du quai de Javel a été prise le 22 octobre 1946. Elle montre une 11 Légère noire – dont les roues Pilote sont toujours chaussées de pneumatiques Michelin Pilote G – à vitesse maximale réduite à 70 km/h.

Retour au Grand Palais

Si son catalogue ne comprend que deux modèles, dont la construction lui est imposée par le plan Pons, Citroën n'entend pas pour autant laisser son stand vide. Ainsi, en plus de deux camions Type 45, deux camions Type 23 et un TUC, le constructeur présente aux visiteurs pas moins de cinq Traction. On trouve une 15 CV et une 11 Légère, mais aussi une 11 CV, dont la production redémarre au mois de mars de l'année suivante, une 15 CV Familiale, qui ne reprend sa carrière Commerciale qu'au mois de septembre 1953, et une Traction qui peut aussi bien être une 11 Légère qu'une 7 CV.

LE RETOUR DE LA 11 CV

1947

En mars 1947, la 11 B refait son apparition. La plupart des chromes ont disparu. L'aluminium, en revanche, est présent sous forme de baguettes de portière et de sabots au bas des ailes, à la façon de la 15. La production est voisine de mille huit cents exemplaires (mille huit cent trente d'après les numéros de série, mille six cent quatre-vingt-dix-sept d'après les chiffres d'usine). La 11 BL ne reçoit pas non plus de modifications notoires en 1947, à part l'apparition des sabots d'aile. La production dépasse les dix-neuf mille unités.

CI-CONTRE
Cette publicité parue en début d'année 1947 dans un quotidien de Santiago du Chili chante littéralement la « gloire de l'effort de la France éternelle » et annonce l'arrivée prochaine du cargo *Boskoop* et de sa cargaison de trente automobiles Citroën. Elle fait aussi mention de l'embarquement imminent sur un autre navire marchand, baptisé *Alabama*, d'une seconde livraison de vingt voitures.

CI-CONTRE
Le train passant quai de Javel, devant l'usine, et emportant les voitures neuves vers leurs futurs propriétaires, est ici vraisemblablement victime du dysfonctionnement d'un aiguillage qui en a réparti les wagons chargés de 11 Légère sur deux voies différentes, mais heureusement parallèles.

Ci-dessus
Comme le montre cette planche de bord de 11 Légère, photographiée au mois de mars 1947, le rétroviseur est passé au bas du pare-brise au cours de l'hiver (ici, il n'a pas encore été équipé de son miroir.) Sur le cadran du compteur, les chiffres de l'horloge ont disparu.

Ci-dessous
Sur le stand du Salon de Paris de 1947, où les Traction sont moins à l'étroit que l'année précédente, la 11 CV et la 11 Légère voisinent avec la 15 CV.

Le nouveau modèle de la 15
La production de la 15-Six G s'arrête avant l'été : un nouveau modèle fait son apparition en juin, la 15-Six D. Il ne s'agit pas d'une modification de carrosserie, mais de boîte de vitesses, ce qui permet par ailleurs de faire tourner le moteur à droite, comme sur les autres Traction. Le carburateur est remplacé par un Solex inversé à double corps, la culasse est transformée et le taux de compression est diminué en raison de la mauvaise qualité de l'essence. La vitesse maximale reste de 130 km/h, mais la nouvelle boîte donne des reprises nettement améliorées. Au mois de juin de 1947, la 15 CV reçoit un nouveau moteur tournant à droite, et non plus à gauche, ainsi qu'une boîte de vitesses. La 15 G laisse donc sa place à la 15 D. La nouvelle boîte présente toujours trois étages, mais la prise de manivelle se fait maintenant sur celui du haut. Cela impose un agrandissement du passage de manivelle sur la calandre. L'écusson obturant ce dernier surmonte désormais deux ailes croisées, l'aile droite passant devant l'aile gauche.

Conseil d'administration de mars 1947

	11 CV	Expéditions en Angleterre
Janvier	1 427	175
Février	1 509	150

On escompte que la production de mars atteindra 63 % de la production de l'avant-guerre.

Conseil d'administration du 22 avril 1947

	11 CV	Ensemble Angleterre	15 CV
Février	1 509	150	16
Mars	2 467	125	12
Prévisions mai	1 500		234

Les voitures de tourisme ont été exportées comme suit :
Indes : 195 ; Danemark : 416 ; Afrique du Sud : 398 ; Égypte : 180 ; Argentine : 429 ; Hollande : 501 ; Belgique : 1 013 ; Suisse : 467 ; Brésil : 256 ; Colonies : 350.

Des grèves ET UN NOUVEAU DEUIL

CI-DESSUS ET CI-CONTRE
Chez Michelin, 1950 est une année de conflit, ce qui perturbe considérablement l'approvisionnement de l'usine de Javel en roues BM (1). Des roues Lambert (2), des roues Rubery-Owen (4) et des roues vraisemblablement de marque Michelin (3 et 5) ont également équipé les Traction de ce millésime.

Au mois de novembre 1950, Citroën est endeuillé par le décès de Pierre Boulanger, qui a tant fait pour la marque aux chevrons : il se tue sur la route de Clermont-Ferrand à bord d'une 15-Six. Cette année-là, des grèves éclatent chez Michelin, paralysant la production des Traction, en manque de roues et de pneus ! L'année 1950, c'est aussi celle où entre en vigueur un nouveau système d'immatriculation, qui perdurera jusqu'en avril 2009.

1950

Entre les mois de mars et mai 1950, Michelin connaît une importante grève qui suspend l'approvisionnement de l'usine de Javel en roues BM. Les Traction continuent cependant à sortir, mais avec divers types de roues. On trouve ainsi, sur les Citroën françaises, des roues fabriquées à Nivelles, en Belgique, par la société Lambert, pour l'usine de montage belge de Forest ; des roues de marque Rubery-Owen, type Easy-Clean, montées sur les Traction sortant de l'usine anglaise de Slough ; des roues qui paraissent vraisemblablement de marque Michelin, montées à la même époque sur les voitures Salmson ; des roues qui pourraient elles aussi être de marque Michelin, et qui ressemblent fortement à des roues de Lancia, les deux firmes entretenant des relations très étroites depuis l'avant-guerre.

« Citroën n'obtient plus ni roues ni pneus et doit donc chercher ailleurs. »

NOMBREUSES MODIFICATIONS

Comme sur la 15-Six, fin 1949, le taux de compression sur les moteurs de 11 est porté à 6,5 en février, la qualité de l'essence s'améliorant. En mai, la consommation de carburant baisse sensiblement grâce à l'adoption d'un nouveau carburateur Solex, le 32 PBIC, qui entraîne aussi le changement du filtre à air. Quelques modèles seront équipés d'un carburateur Zenith 32 in. À l'intérieur du véhicule, un nouveau tissu fait son apparition, ainsi que des enjoliveurs de tableau de bord. Un volant à deux branches est adopté uniquement sur la 11 BL. Les voitures de 1950 s'identifient assez facilement en raison de la grève de neuf semaines chez Michelin ! Citroën n'obtient plus ni roues ni pneus et doit donc chercher ailleurs.

CI-DESSUS
Cette 15 CV a été photographiée le 17 octobre 1950 dans le grand hall de livraison de l'usine de Javel. Les vitres du bâtiment sont celles qui ont survécu au bombardement et qui ont conservé la peinture qu'on leur avait appliquée en 1939 afin de rendre l'usine moins repérable depuis le ciel.

CI-CONTRE
Au mois de juillet 1950, ce simple catalogue présente à lui tout seul la gamme des voitures Citroën dans son intégralité. La petite 2 CV y figure sans aucun complexe aux côtés de la puissante 15 CV.

LA 15-SIX ÉVOLUE

Comme la 11, la 15-Six est touchée par la grève chez Michelin, et les roues Lambert seront montées sur environ mille cinq cents exemplaires produits en avril et mai de cette année. En juin, de petits volets d'aération sont installés de part et d'autre de la calandre. L'autre modification est l'apparition d'un pare-chocs nettement plus volumineux et doté d'une lame nervurée horizontale, ce qui permet de mieux différencier la 15 de la 11. À l'intérieur, le tissu des garnitures est de nouveau changé, pour un velours de laine gris rosé. Le volant a maintenant deux branches. Enfin, l'embrayage est à présent monodisque. La production de la 15-Six est de neuf mille quatre cents unités.

Les ventes
PROGRESSENT

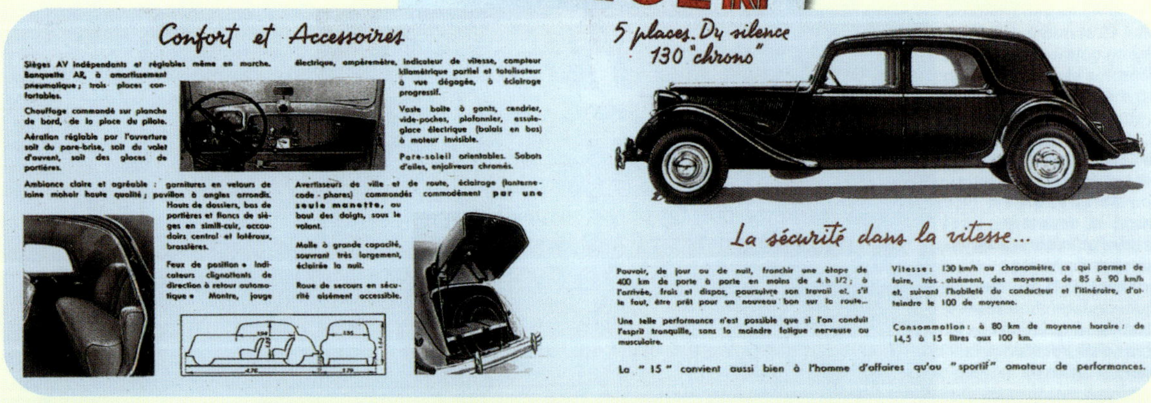

CI-CONTRE ET CI-DESSOUS
Chez Citroën, les catalogues publicitaires restent désespérément austères par rapport à ce qui se fait alors chez les autres constructeurs français.

Si l'année 1951 n'est pas un cru exceptionnel pour ce qui est de l'originalité des modèles, les ventes de Traction Avant sont en revanche excellentes. Quoi qu'il en soit, la presse commence à émettre des critiques sur le manque d'évolution des voitures de la marque aux chevrons... Citroën va devoir réagir !

1951

Le manque d'évolution dans la gamme Citroën commence à poser des problèmes, et, pour la première fois sans doute, un article dans la revue *L'Automobile* est critique envers la Traction.

ESSAI COMPARATIF

Un essai comparatif sur le circuit de Montlhéry a mis aux prises une 11 BL et une Ford vedette de 12 CV. La première a consommé 11,4 litres aux 100 pour une vitesse de pointe de seulement 117,91 km/h, tandis que la Ford a consommé un tout petit peu moins (11,35 litres) pour atteindre 134,51 km/h.
Le journal regrette que Citroën n'ait pas fait venir d'essayeur officiel, la Traction ayant été conduite par un particulier possédant une voiture neuve, et qui a peut-être eu une conduite plus gourmande. Mais le journal conclut : « Quoi

« La mauvaise publicité faite sur la 11 ne nuit pas aux ventes de sa grande sœur. »

qu'il en soit, ne soyons pas surpris par cette mauvaise performance : la Citroën est dotée d'une mécanique fort ancienne et, vis-à-vis des productions actuelles, le handicap de l'âge pèse lourdement sur les résultats. On notera également que la vitesse de pointe est inférieure à celle obtenue par des voitures de cylindrée plus faible. En dépit de ses qualités et de sa notoriété, la mécanique Citroën apporte la confirmation que les progrès de la technique, depuis vingt ans, n'ont pas été vains... Qui pourrait s'en étonner ! »

En dépit de ces premières critiques, les ventes de la 15-Six sont excellentes en 1951, puisqu'elles atteignent onze mille sept cent cinquante-deux unités, c'est-à-dire un chiffre record. À part cela, la voiture ne subit aucune modification, et la mauvaise publicité faite par *L'Automobile* sur la 11 ne nuit donc pas aux ventes de sa grande sœur.

Ci-dessous

Cette 15 CV, appartenant à un client et équipée d'une malle non d'origine, est photographiée devant le bâtiment de l'administration par les services de l'usine le 12 avril 1951. Cela prouve que le quai de Javel s'intéresse alors aux diverses solutions permettant d'augmenter la capacité du coffre de la Traction.

Une nouvelle malle

Au début des années 1950, Citroën modifie assez sérieusement tous les modèles de la gamme. Deux de ces changements transforment radicalement l'allure de la voiture : le montage de nouveaux pare-chocs rectilignes et, surtout, l'apparition d'une nouvelle malle arrière rectangulaire. La ligne des Traction s'en trouve modernisée, tant il est vrai que le cache-roue de secours est un vestige des années 1930 qui se trouve bien démodé en ce début des années 1950. Jusqu'à l'apparition de la nouvelle malle arrière (le 15 juillet 1952) sur la 11 Légère, la 11 CV et la 15 CV, la faible capacité du coffre des Traction faisait le bonheur des accessoiristes automobiles, qui offraient chacun une ou plusieurs solutions pour que les voyageurs puissent emporter tous leurs bagages.

La Traction, les flics et les gangsters

Avant la guerre et pendant l'Occupation, la préfecture de police de Paris utilisait de vieilles Renault. Sur le pavé parisien, l'heure n'était pas aux poursuites ni aux virages pris sur les chapeaux de roue. À la Libération, la préfecture de police, qui avait boudé les Traction Avant, change d'avis et procède à des achats massifs. Les courses-poursuites peuvent commencer, et la légende de la Traction voit un nouveau chapitre s'ouvrir.

Des jours meilleurs

Cette 11 Légère, immatriculée à Paris à la fin du mois de février 1945, est utilisée comme voiture émettrice-réceptrice en attendant des jours meilleurs et l'achat de Traction neuves.

La voiture des policiers et des truands

Une fois la police équipée de Traction Avant, les poursuites tournent de plus en plus souvent en faveur des forces de l'ordre, comme le prouve cette 11 Légère criblée de balles. Après avoir été la voiture des FFI à la Libération, la Traction endosse un nouveau rôle : celui de la voiture de la police et des truands.

Cortège officiel

Immatriculée au mois de juin 1950, cette 11 Légère est utilisée par les services de la préfecture de police de Paris comme voiture pilote servant à ouvrir les cortèges officiels. Pour qu'elle soit vue de loin, deux phares de teinte bleue ont été montés sur son toit.

La Traction fait son cinéma

En 1957, Jean Gabin (au volant), Lino Ventura (en imperméable) et Paul Francœur (assis à l'arrière de la Traction) attaquent cette camionnette Peugeot 203 avec leur 15 CV pour les besoins du film intitulé *Le rouge est mis*, tourné par Gilles Grangier sur un scénario de Michel Audiard et Auguste Le Breton.

DERNIÈRES NOUVEAUTÉS AVANT LA DS

1954

La Traction vit les dernières années de son règne, mais, pour le millésime 1954, la 15 est équipée d'une suspension hydropneumatique, une véritable révolution due aux progrès réalisés dans la mise au point de la DS. Les premiers essais de suspension hydropneumatique remontent à 1949, lorsque André Lefebvre avait monté un dispositif de ce type sur les quatre roues d'une 11. Mais les essais ne s'étaient pas révélés concluants, en raison d'une grande mollesse dans la direction. La mort de Pierre Boulanger avait mis fin à ce projet. Ressurgie quelques années plus tard, en vue de l'adapter à la future DS, la suspension hydropneumatique apparaît en série sur les roues arrière de la 15-Six, qui servira ainsi de banc d'essai à grande échelle.

En bas à gauche et ci-dessous

Ces deux étonnantes photographies provenant des archives Michelin montrent que le manufacturier de Clermont-Ferrand s'intéressait depuis longtemps aux suspensions des automobiles. Ainsi, le cliché en bas à gauche montre le train arrière d'une Citroën Type A équipée d'une suspension dont les doubles coussins de caoutchouc sont alimentés par une petite tuyauterie, et qui pourraient contenir un liquide ou un gaz, voire même les deux. Le second cliché montre une 11 CV de 1934 équipée d'un dispositif sur le train avant qui, à l'arrêt (et vraisemblablement pour la photographie), lui donne une inclinaison longitudinale très prononcée. Il pourrait alors s'agir d'un dispositif antigîte destiné à lutter contre les effets de la force centrifuge dans les virages en maintenant la voiture à l'horizontale.

La suspension la plus moderne du monde

La 15-Six H (pour hydropneumatique) sort des usines le 24 avril 1954. Le système d'amortissement hydropneumatique est basé sur l'emploi d'un liquide sous pression dans les sphères de suspension, avec correcteur de hauteur et barres antiroulis. Il offre une impression de confort encore inconnue, comme le note le dépliant publicitaire de l'époque : « On éprouve l'illusion que la voiture frôle à peine le sol, mais qu'un virage se présente, et l'on perçoit alors avec quelle qualité les roues s'agrippent à la route. Cette quiétude invite le passager à se laisser porter mollement dans cet intérieur de velours où l'on se sent comme chez soi. Avec la 6 H, on roule toujours en autoroute. »

Ci-dessus

Au Salon de Paris de 1954 sont présentées côte à côte une 11 CV Légère, une 11 CV chaussée de pneumatiques à flanc blanc et une 11 CV Familiale. La 15 H se trouve en retrait, protégée de la foule par une rambarde. Plus au fond sur le stand, deux 11 CV Commerciale sont livrées à la curiosité du public. Le visiteur penché à l'arrière de la voiture de droite semble intrigué par la roue de secours glissée sous le véhicule. Il est vrai qu'elle prend place dans la voiture sans qu'un logement ou un emplacement spécifique ne lui soit attribué. Depuis le mois de juin, toutes les Traction reçoivent un second feu rouge positionné sur l'aile arrière droite. Deux nouvelles couleurs sont disponibles, le bleu nuit (AC 601) et le gris bruyère (AC 131), tandis que les premières 11 CV Commerciale sont peintes en blanc RAF (AC 130). C'est aussi à cette époque que le volant noir est remplacé par un volant gris clair bien moins triste.

L'ARRIVÉE DE LA DS 19
1955

Au Salon de Paris d'octobre 1955, la vedette du stand Citroën est bien évidemment la DS 19, que tout le monde attend depuis plusieurs années. La Traction est cependant toujours présente. Elle encadre une DS 19 autour de laquelle la circulation des badauds n'est pas laissée au hasard. Les 11 reçoivent une cure de rajeunissement qui concerne la mécanique, plus souple, plus nerveuse et un peu plus rapide. Après la révolution de l'année précédente, la 15 n'évolue plus. La 15 D disparaît au début de l'année, la version Berlin s'arrête après une fabrication de seulement dix unités, et la Familiale est prolongée jusqu'au mois d'août.

Ci-dessus
En octobre 1955, la DS 19 est la grande star du Salon de l'automobile de Paris. La Traction, ici équipée de pneumatiques Michelin SDS à flanc blanc, vit ses dernières heures de gloire…

Ci-contre
En novembre 1955, les premières coques nues de DS commencent à s'avancer sur la chaîne de montage, qui marche au compte-gouttes. Avant la fin de cette année 1955, seules quelques rares unités seront assemblées, qui serviront surtout à prolonger les essais et fournir quelques concessionnaires en voitures d'exposition.

Ci-dessus

En octobre 1955, dans le grand hall de l'usine de Javel, alors que le Salon a commencé, les premières DS assemblées à la main ont pris place devant la chaîne de finition des Traction. Ces DS n'ont pas encore de propriétaires et vont aller rejoindre les concessionnaires.

LES DERNIÈRES TRACTION
1957

La production des 11 s'interrompt en juillet 1957. Les modèles ne subissent évidemment plus la moindre modification. La fabrication des 11 BL s'arrête au numéro de série 677500, ce qui représente encore mille cinq cent quatre-vingt-quinze exemplaires. La 11 B est assemblée à deux mille six cent dix unités, dont six cent quarante-trois Familiale, le dernier numéro de série étant 444600. Par une curieuse coïncidence, l'ultime modèle assemblé, une 11 Familiale, est enlevé par M. Dufour, concessionnaire à Saint-Malo, qui avait également vendu la première Familiale vingt-trois ans plus tôt, en 1934.

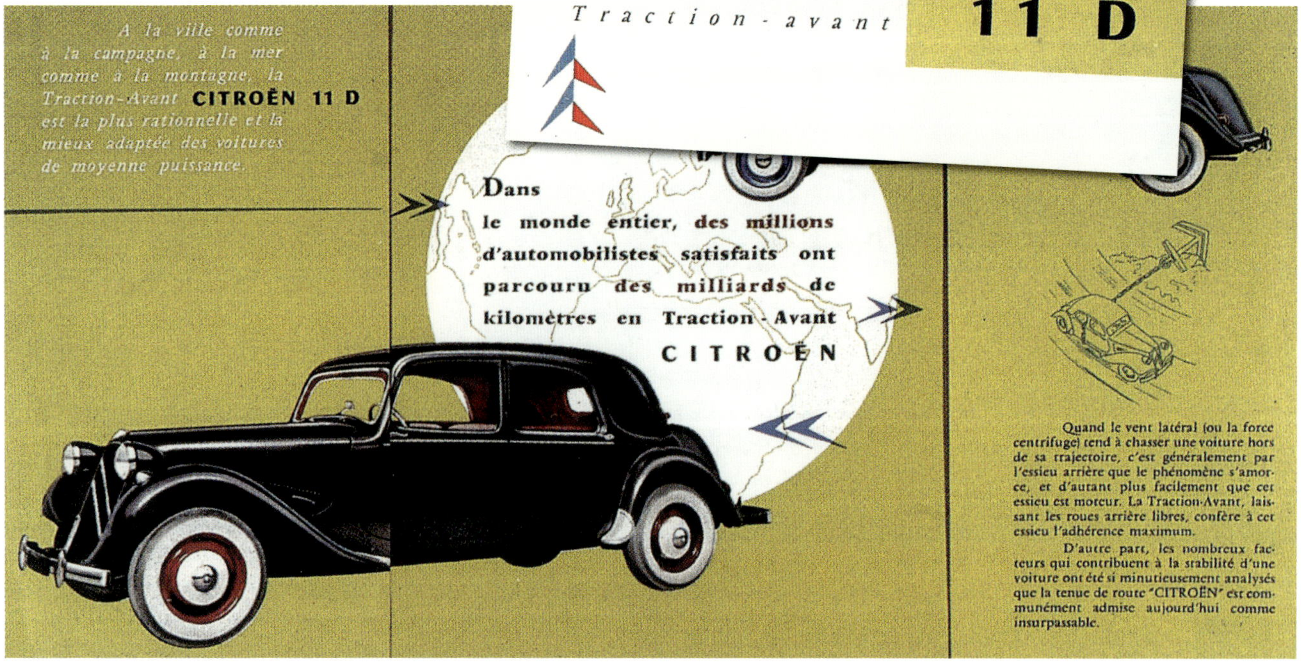

En haut à droite et ci-contre
Ce catalogue en couleur (mieux vaut tard que jamais), vraisemblablement le dernier réalisé pour la Traction Avant, montre des 11 D équipées des pneumatiques Michelin SDS à flanc blanc. Imprimé au mois de juillet 1956, il porte la référence AC 5165.

CI-DESSUS
Le 25 juillet 1957, M. Dufour, concessionnaire à Saint-Malo, assiste à la livraison de la dernière Traction Avant, qu'il aura eu le privilège de vendre. Les ouvriers ont inscrit le mot « fin » sur les plaques minéralogiques, posé un touchant bouquet de fleurs sur le pare-brise et accroché une lanterne rouge au pare-chocs arrière. La marque au double chevron tourne là une des plus belles pages de son histoire. Il y a quelques années, les passionnés de Traction ont tenté de retrouver cette voiture historique, mais ils ont découvert que celle-ci avait été vraisemblablement confiée aux bons soins d'un casseur qui ignorait alors tout de son caractère particulier.

CI-DESSOUS
Pris le 15 septembre 1956 dans le grand hall de montage de l'usine de Javel, ce document en couleur unique montre les chaînes des DS avec, en arrière-plan, à gauche, celle de la Traction. Même si la dernière Traction tombe de chaîne le 25 juillet 1957, il est ici évident que l'irrémédiable passation des pouvoirs est déjà effectuée… La DS 19 est incontestablement la nouvelle reine du quai de Javel.

Remerciements

Pour leur aide, leur confiance, leur amitié, leurs conseils, leur patience, leur efficacité, leur compréhension ou leur amicale impatience à découvrir cet ouvrage terminé, l'auteur tient à remercier les sociétés Citroën, Michelin et Renault.

Crédits photographiques

Les documents illustrant cet ouvrage sont issus des archives conservées par les sociétés Citroën, Michelin et Renault, ainsi que des archives personnelles de l'auteur et de collectionneurs (droits réservés), à l'exception de :